# BEI GRIN MACHT SICH IHR WISSEN BEZAHLT

- Wir veröffentlichen Ihre Hausarbeit, Bachelor- und Masterarbeit

- Ihr eigenes eBook und Buch - weltweit in allen wichtigen Shops

- Verdienen Sie an jedem Verkauf

Jetzt bei www.GRIN.com hochladen und kostenlos publizieren

Dirk Brockmeyer

# Jürgen Habermas und die kommunikative Rationalität

GRIN Verlag

**Bibliografische Information der Deutschen Nationalbibliothek:**

Die Deutsche Bibliothek verzeichnet diese Publikation in der Deutschen National-
bibliografie; detaillierte bibliografische Daten sind im Internet über http://dnb.d-
nb.de/ abrufbar.

**Impressum:**

Copyright © 2007 GRIN Verlag GmbH
Druck und Bindung: Books on Demand GmbH, Norderstedt Germany
ISBN: 978-3-638-75518-4

**Dieses Buch bei GRIN:**

http://www.grin.com/de/e-book/73312/juergen-habermas-und-die-kommunikative-
rationalitaet

**GRIN - Your knowledge has value**

Der GRIN Verlag publiziert seit 1998 wissenschaftliche Arbeiten von Studenten, Hochschullehrern und anderen Akademikern als eBook und gedrucktes Buch. Die Verlagswebsite www.grin.com ist die ideale Plattform zur Veröffentlichung von Hausarbeiten, Abschlussarbeiten, wissenschaftlichen Aufsätzen, Dissertationen und Fachbüchern.

**Besuchen Sie uns im Internet:**

http://www.grin.com/

http://www.facebook.com/grincom

http://www.twitter.com/grin_com

Universität Osnabrück

Fachbereich 01 Sozialwissenschaften

## Jürgen Habermas: Kommunikative Rationalität
### Ausarbeitung eines Referats

**Autor:**

Dirk Brockmeyer

Sommersemester 2006

Seminar: Cultural Studies und Interkulturalität II

# Inhaltsverzeichnis

# 1. Einleitung

Jürgen Habermas entwickelte mit seiner „Theorie des kommunikativen Handelns"[1] eine vollständig neue soziologische Herangehensweise an die Analyse gesellschaftlicher Funktionsweisen. Er definiert Kommunikation und nicht mehr Handeln als Ausgangspunkt der Soziologie, was den Vorteil hat, dass der schon von Weber als zentral angesehene Sinn von Handlungen nicht mehr „verstanden" und interpretiert werden muss, sondern – in vielen Fällen – in der Kommunikation selbst ausgedrückt wird. Habermas leitete damit einen Paradigmenwechsel. So wurde grundlagentheoretisch der bewusstseinsphilosophische Ansatz durch den kommunikationstheoretischen abgelöst. Handlungstheoretisch verschob sich der Schwerpunkt vom zweckrationalen zum kommunikativen Handeln, wie auch rationalitätstheoretisch die Zweckrationalität durch die kommunikative Rationalität abgelöst wurde. Gesellschaftstheoretisch ermöglicht Habermas durch die Aufsplittung der Gesellschaft in die Ebenen Lebenswelt und System eine neue Möglichkeit moderne Gesellschaften zu analysieren und schließlich wendet sich Habermas von der rein funktionalen, analysierenden Theorie ab, er begründete und verteidigte eine normative Herangehensweise.

In dieser Arbeit soll nun die „Theorie des kommunikativen Handelns" dargestellt werden, wobei der Schwerpunkt auf der kommunikativen Rationalität liegt. Als erstes werden die sprachphilosophischen Konzepte der Sprechakte und der Geltungsansprüche beschrieben (Kapitel 2), welche die Grundlage von Habermas Theorie bilden. Dann folgt eine Darstellung der daraus von Habermas entwickelten Handlungstypen (Kapitel 3), die in seiner Gesellschaftstheorie münden (Kapitel 4). Zum einen wird die Trennung von Lebenswelt und System genauer herausgearbeitet, zum anderen ein Vergleich zwischen der mythologischen und der modernen Weltanschauung angestellt, in dem auch Habermas die spezifische Rationalität moderner Gesellschaften näher zu definieren versuchte. Als letztes werden die dargestellten Teile der Habermasschen Theorie zusammenfassend erläutert und vorhandene Kritikpunkte aufgeführt (Kapitel 5).

---

1  Habermas, Jürgen: Theorie des kommunikativen Handelns – Band 1. Frankfurt am Main: Suhrkamp 1987

# 2. Sprechakte und Geltungsansprüche

## 2.1 Die Sprechakttheorie[2]

Unter Sprechakten werden sprachliche Ausdrücke verstanden, die über eine bloße Aussage hinausgehen, da sie eine Handlung beinhalten. Sprache ist somit nicht nur eine Möglichkeit zur Mitteilung von Gedanken, ein Medium zur Herstellung intersubjektiver Wirklichkeit, sondern geht darüber hinaus. Die Äußerung in Sprachform kann eine Handlung darstellen, die Wirklichkeit also nicht nur beschreiben, sondern formen.

Sprechakte weisen drei verschiedene analytische Ebenen auf:[3]

- Den **lokutionären** Akt: „etwas sagen" - Diese Ebene bezeichnet den propositionalen Gehalt einer Aussage, also die bloße Mitteilung eines – wahren oder falschen – Gedankens.

- Den **illokutinoären** Akt: „handeln, in dem man etwas sagt" - Dies ist die Ebene, in der die spezifische Eigenart des *Sprechaktes* deutlich wird. So wird zum Beispiel mit dem Satz „Ich empfehle die Suppe." die Wahl des Kommunikationspartners beeinflusst. Der Sprechende übt also Einfluss auf andere Menschen aus, handelt demnach.

- Den **perlokutionären** Akt: „einen Effekt dadurch erreichen, dass man handelt, indem man etwas sagt" - Der jeweilige Kontext bestimmt, ob ein illokutionärer Akt zu einer Perlokution wird und ob sich der erwünschte Effekt einstellt. Im Gegensatz zu Illokutionen sind Perlokutionen nicht selbstidentifizierend, sie ergeben sich „nicht aus dem manifesten Gehalt der Sprechhandlung, sondern nur aus den Intentionen des Handelnden."[4]

Der lokutionäre Akt ist in jeder Aussage enthalten, er bezeichnet die Aussage selbst. Sachverhalte in der Welt werden durch ihn dargestellt. Sobald der Sprechende mit Hilfe einer Aussage eine Handlung vollführt, also versucht die Welt

---

2  Darstellung angelehnt an: Schützeichel, Rainer: Soziologische Kommunikationstheorien. Konstanz: UVK Verlagsgesellschaft 2004, S. 207 – 214

3  Vgl. hierzu: Schützeichel (2004), S. 208

4  Schützeichel (2004), S. 209

in irgendeiner Form zu beeinflussen, erhält seine Aussage eine Doppelstruktur. Es wird etwas (lokutionär) zu jemandem gesagt (illokutionär). Perlokutionäre Effekte treten auf, wenn eine Illokution Erfolg hat, zum Beispiel wenn ein Befehl befolgt wird, wenn das Gesagte bestimmte emotionale Zustände hervorruft oder als unbewusste Folgen. Perlokutionen entstehen dementsprechend vor allem aus gelungenen Illokutionen heraus, es gibt jedoch auch genuine Perlokutionen, bei denen die perlokutionäre Ebene im Vordergrund steht. In diese Kategorie fallen zum Beispiel Beleidigungen, Spott, Herabwürdigungen, Hohn oder Drohungen.

## 2.2 Geltungsansprüche

Des weiteren ist es für kommunikatives Handeln[5] unumgänglich, dass drei Geltungsansprüche von Aussagen eingelöst werden. Eine Aussage enthält den Anspruch auf Wahrhaftigkeit im Hinblick auf die Absichten des Sprechers, auf die Wahrheit der propositionalen Aussage und auf Richtigkeit im Kontext der sozial anerkannten Regeln und Normen.[6] Sprechakte können auf jeder dieser drei Ebenen kritisiert werden, der Sprechende muss dann glaubhaft machen, dass alle drei Geltungsansprüche eingelöst werden; nur dann kann von einem „herrschaftsfreien Diskurs" gesprochen werden, den Habermas als die „ideale Sprechsituation"[7] charakterisiert.

Einer der drei Geltungsansprüche steht zumeist im Vordergrund, so dass drei Klassen von Sprechakten unterschieden werden können. In konstativen Sprechakten (Konstativa) steht der Geltungsanspruch auf Wahrheit im Mittelpunkt. Mit ihnen werden Sachverhalte der objektiven Welt[8] konstatiert, die entweder als wahr oder als falsch bezeichnet werden können. Der Anspruch auf die Wahrheit der Aussage kann mit Hilfe einer objektiven Überprüfung der getroffenen Aussage eingelöst werden. In regulativen Sprechakten (Regulativa) wird die soziale Welt thematisiert, also die Normen und Wertvorstellungen angesprochen. So kann allgemein auf die soziale Welt zurückgegriffen werden (z.B. durch die

---

5 Der Begriff wird im Folgenden noch näher erläutert werden.

6 Vgl. Schützeichel (2004), S. 211 f

7 Die Bedingungen der idealen Sprechsituation werden in Kapitel 3.2 noch näher dargestellt.

8 Der Begriff „objektive Welt" entstammt der Drei-Welten-Theorie von Karl Popper auf die Habermas hier zurückgreift. Ebenso im folgenden die „soziale" und die „subjektive Welt".

Entschuldigung für ein den geltenden Normen widersprechendes Verhalten) oder die Wahrheit der Normen und Werte in Frage gestellt werden. Als letztes gibt es die repräsentativen Sprechakte (Repräsentativ), in denen die subjektive Wahrnehmung des Sprechenden zum Ausdruck gebracht wird; Überzeugungen, Meinungen und Gefühle werden in ihnen thematisiert.

## Geltungsansprüche und soziale Ordnungen

| Einverständnis | Einflussnahme |
|---|---|
| Verständigung über Geltungsansprüche | Beeinflussung von Akteuren |
| Verständigungsorientierte Einstellung | Erfolgsorientierte Einstellung |
| Illokutinoäre Akte / Illokutionen | Perlokutionäre Effekte / Perlokutionen |
| Kommunikatives Handeln | Strategisches Handeln |
| Sozialintegration | Systemintegration |
| Lebenswelt der Gesellschaft | System der Gesellschaft |

Abbildung 1: Soziale Ordnungen, Handlungen und Sprechakte
(angelehnt an Schützeichel (2004), S. 210)

Die Geltungsansprüche beziehungsweise deren Einhaltung sind für Habermas das Kriterium, anhand dessen verschiedene soziale Ordnungen unterschieden werden können. So kann, wenn alle Geltungsansprüche eingelöst sind und kommunikative Rationalität gegeben ist, der Kommunikationsprozess als einverständnisorientiert beschrieben werden. Die kommunikativ Handelnden verständigen sich über die Geltungsansprüche und versuchen ihre Ziele ohne Beeinflussung des Gegenübers zu erreichen; dies ist verbunden mit der Bereitschaft die eigenen Ziele den „objektiven" Argumenten des Kommunikationspartners anzupassen, um Einverständnis zu erreichen. Lediglich illokutionäre Akte sind somit erlaubt. Immer wenn diese Form der Kommunikation vorliegt, bewegen wir uns im Bereich der Lebenswelt, deren Grundlage die Sozialintegration ist. Sobald jedoch

6

die Einlösung der Geltungsansprüche nicht mehr im Vordergrund steht, sondern die Zielerreichung, der *Erfolg* der kommunikativen Handlung das vorrangige Ziel darstellt, ist Einflussnahme und nicht mehr Einverständnis zentrales Moment. Durch die Beeinflussung von Akteuren wird dann versucht den Erfolg der eigenen Ziele durchzusetzen. Habermas verortet diese Art der Kommunikation im System der Gesellschaft, in dem mit Hilfe von Perlokutionen der Erfolg gewährleistet werden kann. Die Trennung von Lebenswelt und System wird in Kapitel 4 noch genauer dargestellt, da sie eine zentrale Stellung in der Habermasschen Gesellschaftstheorie einnimmt.

# 3. Diskurstheorie

Für Habermas, der seine Theorie auch immer auf die Realität und die demokratischen Defizite angewendet sehen wollte, ist der herrschaftsfreie Diskurs ein zentrales Konzept. Um diesen zu gewährleisten ist die kommunikative Rationalität eine entscheidende Voraussetzung.[9] In Anlehnung an Weber untersucht auch Habermas, was Rationalität ist und inwieweit die westlichen Gesellschaften durch Rationalisierungsprozesse geprägt sind.

## *3.1 Kommunikative Rationalität und Diskurs*

Rationalität begreift Habermas nicht als das Haben von Wissen, sondern als die Art und Weise des Wissenserwerbs. Rationalität impliziert Reflexivität. Das bedeutet, dass nur durch die reflexive Auseinandersetzung mit dem eigenen Handeln (und Denken) rationales Handeln (und Denken) möglich ist. Zwei Arten der Rationalität können unterschieden werden. Zum einen wird Wissen verwendet um Eingriffe in die objektive Welt vorzunehmen. Hierunter versteht man die instrumentelle, teleologische oder Zweckrationalität, die Rationalität also, die auch bei Weber im Mittelpunkt seiner Untersuchungen zur Entwicklung der modernen Gesellschaften steht.[10] Wichtig ist hierbei, dass der Erfolg einer Handlung kein sicheres Indiz für ihre rationale Grundlage ist, sondern Rationalität an der

---

9 Vgl. Horster, Detlef: Jürgen Habermas zur Einführung. 1. Auflage, Hamburg: Junius 1999, S. 11

10 Vgl. Weber, Max: Die protestantische Ethik und der Geist des Kapitalismus. Erftstadt: Area Verlag GmbH

Fähigkeit des Handelnden Gründe für seine Handlung anzuführen gemessen wird.

Habermas fügt Webers Kategorien eine weitere Form der Rationalität hinzu: die kommunikative Rationalität. Unter dieser Art der Rationalität versteht er den verständigungsorientierten Modus der Kommunikation, in dem alle Geltungsansprüche eingelöst werden und der Ausgang der Kommunikation nur von den Argumenten der Akteure abhängig ist. Grundsätzlich liegt bei der kommunikativen Rationalität eine Subjekt-Subjekt-Relation vor, in die sich jedoch die Subjekt-Objekt-Relation der Zweckrationalität einschleichen kann. In dem Moment, wo die Kommunikation nicht mehr auf Verständigung sondern auf Einflussnahme ausgerichtet ist, wird die kommunikative Rationalität abgelöst und es herrscht Zweckrationalität vor. Wenn Unklarheit über die Einlösung der Geltungsansprüche auftritt, dann besteht die Möglichkeit, in den Diskurs einzutreten, in die Kommunikation über die Kommunikation. Die Geltungsansprüche selbst werden dann thematisiert. Je nachdem welcher der drei Geltungsansprüche im Fokus des Interesses liegt, unterscheidet Habermas verschiedene Diskursformen. Wird die Wahrheit der Aussage in Frage gestellt, muss das Problem in einem theoretischen Diskurs über die objektive Welt geklärt werden. Ist die Richtigkeit von Werten und Normen nicht von allen Akteuren anerkannt, dann werden die Differenzen in einem moralisch-praktischen Diskurs offenbar und wenn die Wahrhaftigkeit des Sprechenden umstritten ist, muss die subjektive Welt der Sprecher in einer therapeutischen Kritik durchleuchtet werden.

## 3.2 Der Diskurs

Der Diskurs ist also meta-Kommunikation, in dem die Grundlagen der Kommunikation, die drei Geltungsansprüche, auf ihre Richtigkeit überprüft werden können. Um diesem Anspruch gerecht werden zu können, muss der Diskurs selbst jedoch einige Voraussetzungen erfüllen, und genau diese sind es, die vielfacher Angriffspunkt für Habermas Theorie wurden. Die erste Frage, die auch Habermas sich stellte, ist die nach den zulässigen Teilnehmern an einem Diskurs. Naheliegend wäre das Kriterium der Vernünftigkeit, doch was vernünftig ist, kann erst im Diskurs festgestellt werden. Um diesen Zirkelschluss zu vermeiden fügt

8

Habermas die bereits genannte „'ideale Sprechsituation' ein, die als Eingangsvor-
aussetzung für den Diskurs gelten soll".[11] Die Bedingungen für die ideale Sprechsituation leitet Habermas aus den Geltungsansprüchen ab. So soll jeder, der an
einem Diskurs teilnimmt, in gleicher Weise in der Lage sein, die verschiedenen
Sprechakte zu verwenden, also Aussagen über die reale, die soziale und die subjektive Welt zu äußern. Eine vierte Bedingung tritt hinzu, indem Habermas konstatiert, dass die grundsätzliche, sprachliche Befähigung der Teilnehmer gegeben
sein muss, allgemein kommunikative Sprechakte zu verwenden. Spätestens jedoch wenn Habermas feststellt, dass alle Vorbedingungen der idealen Sprechsituation in der Vernünftigkeit zusammengefasst werden können, tritt der Zirkelschluss wieder zu Tage. Vernünftigkeit muss also, ohne ihren Kern analysieren
zu können, als Grundlage des Diskurses anerkannt werden.

Die Art und Weise, in der in einem Diskurs Schlüsse gezogen werden, die dann
als wahr oder richtig anerkannt sind, leitet Habermas aus der formalen Logik
unter der Einbeziehung von Stephen Toulmin ab. Ein Problem der formalen Logik ist es, dass trotz der korrekten logischen Vorgehensweise falsche Schlüsse gezogen werden können, wenn die Prämissen nicht stimmen. Da der Diskurs jedoch
(auch) über die Prämissen entscheiden muss und eine rein formale Logik gerade
für den Bereich der sozialen oder der subjektiven Welt nicht ausreichend ist,
muss eine andere Form gefunden werden Schlüsse zu ziehen. Folgendes Schema
wendet Habermas (im Anschluss an Toulmin) an:

---

11 Vgl. Horster (1999), S. 54

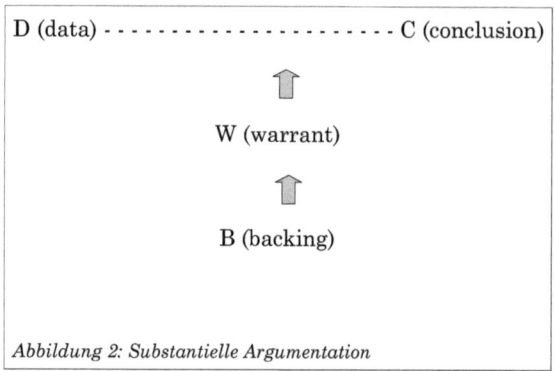

*Abbildung 2: Substantielle Argumentation*

Im Gegensatz zur formalen Logik kann die Schlussfolgerung (conclusion) nicht direkt aus den Gegebenheiten (data) gefolgert werden. Eine Schlussregel (warrant) ist notwendig, in der die Grundlage der Schlussfolgerung angegeben wird und eine Stützung, die die empirischen, theoretischen oder moralischen Prämissen angibt. Diese argumentative Vorgehensweise wird als substantielle Argumentation bezeichnet. Durch die Schlussregel und die Stützung ist in der Schlussfolgerung mehr enthalten, als schon in den Gegebenheiten (Prämissen) vorhanden ist. Dieser Ansatz ermöglicht die Einbeziehung der Realität in Form der objektiven, subjektiven und sozialen Welt in den Diskurs. Das Ergebnis des Diskurses, den diskursiv erzielten Konsens, bezeichnete Habermas erst als Wahrheit bzw. Wahrheitskriterium. Da jedoch alles, also auch das Ergebnis eines Diskurses, in einem erneuten Diskurs angezweifelt und revidiert werden kann, ergibt sich ein Widerspruch, da Wahrheit ein absolutes Moment impliziert. Habermas selbst formulierte hierzu später: „Ich verstehe die Diskurstheorie der Wahrheit so, daß sie den diskursiv erzielten Konsens nicht (wie einige meiner früheren Formulierungen besagen) als Wahrheitskriterium auszeichnen soll; vielmehr soll sie anhand der diskursiven Einlösung von Geltungsansprüchen den Sinn jenen Momentes von Unbedingtheit erklären, das wir mit dem Begriff Wahrheit verbinden."[12] Der Konsens selbst bleibt unsicher, überprüfbar, nicht endgültig.

---

12 Habermas, Jürgen: Entgegnung, in Honneth, Axel/Joas, Hans (Hg.), Kommunikatives Handeln. Beiträge zu Jürgen Habermas' „Theorie des kommunikativen Handelns", Frankfurt/M. 1986, S. 352

# 4. Kommunikatives Handeln und Gesellschaftstheorie

## 4.1 Handlungstypen nach Habermas

Aus den sprachphilosophischen Grundlagen leitet Habermas verschiedene Handlungstypen ab, die in seiner Gesellschaftstheorie münden. Seit Weber versteht sich die Soziologie zu einem großen Teil als verstehende Soziologie. Währende jedoch bei nicht-sprachlichen Handlungen – wie Weber sie als Theoriegrundlage wählt – der Sinn einer Handlung nur durch Interpretation erahnt werden kann, ihre Bedeutung nur aus der subjektiven Perspektive heraus vollständig erfassbar ist, sind Sprechakte selbstreferentiell. Ein Sprechakt kann von uns verstanden werden, wenn wir die Gründe, die der Sprechende für seine Aussage vorbringen könnte, kennen bzw. zu kennen glauben. Diese Ansicht entstammt der Universalpragmatik, die sich mit der Frage befasst, nach welchen Regeln sprachliche Äußerungen verwendet werden, damit sie von allen Kommunikationspartnern verstanden werden können. Habermas überführt somit lediglich die Universalpragmatik auf soziologisches Terrain und entwickelt daraus verschiedene Handlungstypen.

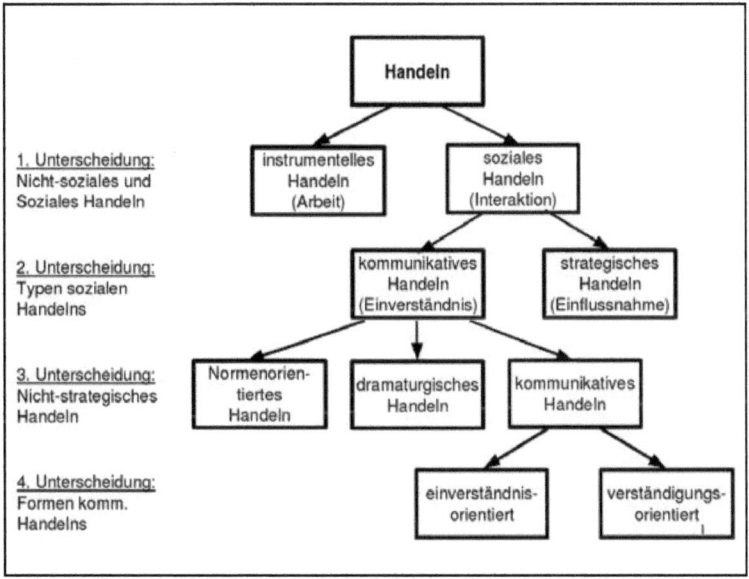

*Abbildung 3: Handlungstypen nach Habermas (Schützeichel 2006, S. 220)*

Als erstes unterscheidet er zwischen instrumentellem und sozialem Handeln. Während instrumentelles Handeln den nicht-sprachlichen Eingriff in die objektive Welt bezeichnet (Arbeit), kann erst die Interaktion zweier Subjekte als soziales Handeln bezeichnet werden.[13] Sobald ein Koordinationsbedarf für das Handeln besteht, der im Normalfall sprachlich gelöst wird, liegt soziales Handeln vor. Als nächstes untscheidet Habermas das strategische und das kommunikative Handeln, wie bereits in Kapitel 2.2 dargestellt wurde. Beim strategischen Handeln steht der Erfolg des eigenen Sprechaktes im Vordergrund, es wird im Modus der Einflussnahme agiert. Sowohl offen (Befehle, Aufforderungen, etc.) als auch verdeckt (Manipulation, Täuschung, etc.) ist strategisches Handeln möglich. Gerade beim verdeckten strategischen Handeln ist die Bedeutung der Sprechakte nur aus den Intentionen des Sprechers heraus verständlich, da nicht alle Geltungsansprüche offen vorgetragen werden. Das kommunikative Handeln wiederum existiert in zwei verkürzten und einer Vollständigen Form, dem normenorientierten, dramaturgischen und kommunikativen Handeln. Die ersten beiden Formen beziehen sich nicht auf alle drei, sondern nur auf jeweils zwei Welten (siehe Abbildung 4), nur das kommunikative Handeln selbst beinhaltet alle drei Weltbezüge. Als letztes trifft Habermas dann noch die Unterscheidung zwischen einverständnisorientiertem kommunikativem Handeln, bei dem versucht wird Konsens herzustellen, und verständigungsorientiertem kommunikativem Handeln, wo lediglich die verschiedenen Standpunkte offen dargelegt werden sollen.

## 4.2 Trennung von Lebenswelt und System

Auf der Grundlage der verschiedenen Handlungstypen entwickelt Habermas sein Gesellschaftsmodell. Die Trennung von kommunikativem und stategischem Handeln findet sich wieder in der Einteilung der Gesellschaft in Lebenswelt und System. Die Lebenswelt beschreibt den unmittelbaren Bereich des menschlichen Lebens, sein direktes Einflussgebiet und beinhaltet die nicht-thematisierten kulturellen Überlieferungen, das Werte und Normen-System einer Gesellschaft. Im kommunikativen Handeln wird die Lebenswelt bestätigt oder hinterfragt. Wenn

---

13 Ähnlich definiert auch schon Max Weber Handeln erst dann als „sozial", wenn Interaktion vorhanden ist, also das Verhalten anderer Menschen im eigenen Handeln berücksichtigt wird. Vgl. Weber, Max: Wirtschaft und Gesellschaft, Voltmedia 2006, S. 30 ff

Teile der Lebenswelt in den Bereich gesellschaftlicher Wahrnehmung rücken und als problematisch bzw. unsicher angesehen werden, dann werden die Werte und Normen im Diskurs verteidigt oder neu definiert.

Die Lebenswelt leistet auch einen Beitrag zur Ermöglichung von Verständigung, da die intersubjektiv geteilten, in der Lebenswelt konservierten Überzeugungen einen Grundkonsens herstellen, der für erfolgreiche Kommunikation unumgänglich ist. Wie auch bei Berger/Luckmann beschrieben bietet die Lebenswelt (Alltagswelt) eine sichere Grundlage für zwischenmenschliche Beziehungen, da „ich weiß, daß die Alltagswelt für andere ebenso wirklich ist wie für mich. Tatsächlich kann ich in der Alltagswelt nicht existieren, ohne unaufhörlich mit anderen zu verhandeln und mich mit ihnen zu verständigen."[14] Auch der von Habermas beschriebene Diskurs taucht hier bereits als „verhandeln und verständigen" auf.

Die Lebenswelt kann nach Habermas in drei Bereiche untergliedert werden, die auch mit der Drei-Welten-Theorie Poppers erklärt werden können. Der erste Bereich ist die Kultur, die der objektiven Welt entspricht und Erklärungen über die Welt „an sich" beinhaltet. Dann gibt es den Bereich der Gesellschaft, in dem kommunikatives Handeln der sozialen Integration dient, legitime interpersonale soziale Beziehungen hergestellt werden. Und als drittes ist in der Lebenswelt der Bereich der Persönlichkeit enthalten, in dem kommunikatives Handeln hauptsächlich der Sozialisation des Individuums dient, also dem Lernen des Umgangs mit den ersten beiden Bereichen.

Da die Lebenswelt mit zunehmender Komplexität der Gesellschaften selbst immer komplexer wird, und den auseinander strebenden Teilbereichen der Gesellschaft (Wirtschaft, Politik, Kunst, etc.) nicht mehr genügend Integrationskraft entgegen zu setzen vermag, entsteht das System der Gesellschaft, in dem das strategische Handeln vorherrscht. Hauptsächlich die „symbolisch generalisierten Kommunikationsmedien" bzw. Steuerungsmedien Macht und Geld bestimmen die Wirklichkeit im System. Die erst einmal entstandenen Steuerungsmedien tendieren jedoch dazu ein Eigenleben zu entwickeln und somit die Entwicklung

---

14 Berger, Peter L.; Luckmann, Thomas: Die gesellschaftliche Konstruktion der Wirklichkeit, Frankfurt am Main: Fischer 2003, S. 25 f

des Systems den intentional handelnden Individuen zu entziehen. So vereinfachen die systemischen Steuerungsmedien auf der einen Seite die Kommunikation und erhalten durch Reduzierung von Komplexität den gesellschaftlichen Zusammenhalt, verhindern jedoch auf der anderen Seite den Diskurs über das System selbst, da der Diskurs eine system-untypische Kommunikationsform ist.

Nicht nur die funktional differenzierten Bereiche der Gesellschaft wie Politik und Ökonomie entwickeln ihre Steuerungsmedien (Macht und Geld), sondern auch die institutionell ausdifferenzierten Bereiche. So wird zum Beispiel in der Wissenschaft die „fachliche Reputation" zum Steuerungsmedium. Für die institutionell differenzierten Steuerungsmedien verwendet Habermas den Begriff Kommunikationsmedien, um einen gravierenden Unterschied zu unterstreichen. Während die Steuerungsmedien durch Abschreckung und Anreiz empirisch motivieren, appellieren die Kommunikationsmedien an die Rationalität, an die Überzeugungen von Akteuren. Die fachliche Reputation eines Wissenschaftlers zum Beispiel hat nur so lange Bestand, wie rationale Gründe für sie vorliegen und andere Menschen durch eben diese Gründe von ihr überzeugt werden können. Geld und Macht hingegen machen sich empirisch bemerkbar.

Habermas untersucht dann noch die „Pathologien der Moderne",[15] die Beeinträchtigungen innerhalb der Lebenswelt in modernen Gesellschaften und macht zwei Probleme für den herrschaftsfreien Diskurs aus. So kommt es zu einer Mediatisierung beziehungsweise Kolonialisierung der Lebenswelt. Unter Mediatisierung versteht er die Einschränkung der kommunikativen Möglichkeiten durch Heilslehren oder Ideologien, die einen Diskurs über Bereiche der Lebenswelt verhindern. Kolonialisierung hingegen bedeutet das Übergreifen der Steuerungsmedien aus den Systemen auf die Lebenswelt. Die Fragen der Lebenswelt werden dann nicht mehr durch Argumente entschieden, sondern durch Macht und Geld.

## 4.3 Rationalisierung der Lebenswelt – Vergleich zwischen moderner und mythologischer Weltanschauung

Im Vergleich von moderner und mythologischer Weltanschauung fasst Habermas sein Konzept von Rationalität genauer und zeigt den ethnozentristischen Ansatz

---

15 Vgl. Schützeichel (2004), S. 233 f

der westlichen Wissenschaft auf. Er beginnt – im Rückgriff auf Weber – mit der Feststellung, dass sich der Prozess der Modernisierung auch als eine stärker werden Rationalität der Lebensführung beschreiben lässt. Habermas stellt sich nun die Frage, welches Konzept von Rationalität sich hinter dieser Beschreibung verbirgt, er versucht den sprachlich-kulturellen Hintergrund zu analysieren.

Wie Evans-Pritchard zeigen konnte, liegt der unterschiedliche Grad der Rationalität von archaischen und modernen Gesellschaften nicht in den Individuen begründet, da die einzelnen Menschen in beiden Gesellschaftsformen in der Lage sind, dieselben logischen Operationen durchzuführen. In beiden Fällen wird das bereitgestellte Wissen durch dieselbe Rationalität angewandt. Die Anwendung des Wissens ist demnach nicht der maßgebliche Unterschied.

Habermas führt weiter aus, dass eine besondere Eigenart des mythologischen Weltbildes die fehlende Trennung zwischen Kultur und Natur ist, die für uns nicht nachvollziehbare Einheit der beiden Ebenen. Der „magische" Eingriff in die Welt ist ein Beispiel für diese Annahme der Einheit, da durch individuelles Verhalten die Natur, auf welche die menschlichen Eigenarten des Willens und des Bewusstseins projiziert werden, beeinflusst werden soll. Der Mensch und seine Kultur befinden sich also auf derselben analytischen Ebene wie die Natur.[16] Die fehlende Trennung zeigt auch die nicht vorhandene Ausdifferenzierung der verschiedenen Ebenen der Sprache, wie sie in der Sprechakttheorie dargestellt wurde. So existiert im mythologischen Weltbild zum einen keine Trennung zwischen dem Begriff und dem Gegenstand, also zwischen Sprache und Welt, zum anderen ist auch die Unterscheidung von Geltungsansprüchen noch nicht in der in modernen Gesellschaften vorherrschenden Form vorhanden. Genau hier setzt Habermas an, um die spezifische Rationalität moderner Gesellschaften zu verdeutlichen.

Gesellschaften mit einem mythischen Weltbild sind – nach Habermas – nicht in der Lage das Weltbild als kulturelle Überlieferung zu identifizieren. Das Weltbild entzieht sich der Wahrnehmung, kann damit nicht in einen Diskurs einbezo-

---

16 Selbstverständlich ist hier zu trennen zwischen dem individuellen Eingriff in die objektive Welt durch die Bearbeitung bestimmter Gegenstände etc. und der angenommenen Verbindung zwischen beispielsweise dem rituellen Tanz und einsetzendem Regen.

gen werden und bleibt statisch, nicht der Revision ausgesetzt.[17] Das Weltbild moderner Gesellschaften hingegen ist nach Habermas durch Offenheit geprägt. Alle im Weltbild enthaltenen Normen, Werte, Wissensvorräte unterliegen einer ständigen Überprüfung, können jederzeit revidiert werden und neuen Anschauungen weichen.

Zusammenfassend müssen kulturelle Überlieferungen nach Habermas folgende Merkmale aufweisen, um eine rationale Lebensführung zu ermöglichen, durch diese unterscheidet sich somit die moderne von der mythischen Weltanschauung:[18]

- Formale Konzepte für die Trennung der verschiedenen Welten (objektiv, sozial, subjektiv) und für deren sprachliche Bewältigung müssen vorhanden sein.

- Offenheit ist notwendig, dies bedeutet, dass die Überlieferung ein reflexives, revisionistisches Verhältnis zu sich selbst haben muss.

- Die Ausbildung verschiedener Subsysteme muss möglich sein, in denen spezialisierte Argumentationen eigene Traditionen aufbauen.

- Eine Ausdiffernzierung des Systems der Gesellschaft muss erfolgen können, damit erfolgsorientiertes Handeln nicht immer wieder neu kommunikativ abgestimmt werden muss, sondern der eigenen systemischen Rationalität folgen kann.

## 5. Fazit

Ausgehend von den drei verschiedenen Sprechakten und den ihnen innewohnenden Geltungsansprüchen entfaltet Habermas sowohl eine ideale Form der Kommunikation im Diskurs, die seinen normativen Anspruch offenbart, als auch eine Gesellschaftstheorie, die er über den Zwischenschritt der Handlungstypen aufbaut. Das Konzept des herrschaftsfreien Diskurses macht deutlich, welche Idealvorstellung Habermas von einer (demokratischen) Gesellschaft hat. Diese normative Vorgehensweise ist einer der Kritikpunkte, die Habermas entgegen gebracht

---

17 Vgl.Habermas (1987), S. 85
18 Vgl. ebd., S. 108 f

16

werden können, da zum einen diese idealtypische Form der Kommunikation in der Realität kaum zu beobachten ist und zum anderen seine Theorie durch den normativen Anspruch nicht mehr rein analytisch ist. Doch genau dieser normative Anspruch, die Vorstellung einer idealen Welt und die daraus abzuleitende Kritik an den realen Zuständen ist eine Grundlage der Habermasschen Denkweise. Horster bezeichnet Habermas als „gnadenlosen Aufklärer", der von einem normativen Orientierungspunkt – der herrschaftsfreien Gesellschaft – ausgehend seine Theorie entfaltet.[19] Hier ist auch zu hinterfragen, ob Kommunikation tatsächlich, wie Habermas sagt, immer auf Konsens angelegt ist, oder ob dies ein Trugschluss ist.

Ein weiteres Problem, das im Text bereits genannt wurde, ist der Zirkelschluss beim Versuch die Vorbedingungen des Diskurses zu bestimmen. Habermas definiert als Vorbedingung die Vernünftigkeit, doch was vernünftig ist kann nur im Diskurs bestimmt werden, und dennoch muss Vernunft bereits als Grundlage des Diskurses zur Verfügung stehen. Diesen Zirkelschluss vermag Habermas selbst nicht zu lösen, auch wenn er es über den Zwischenschritt der „idealen Sprechsituation" versucht. Doch gesteht er ein, mit der „Theorie des kommunikativen Handelns" lediglich am Anfang einer Gesellschaftstheorie zu stehen und somit noch nicht alle Probleme gelöst zu haben.

---

19 Horster (1999), S. 11

# Literaturverzeichnis

Berger, Peter L.; Luckmann, Thomas: Die gesellschaftliche Konstruktion der
Wirklichkeit, Frankfurt am Main: Fischer 2003

Habermas, Jürgen: Entgegnung, in Honneth, Axel/Joas, Hans (Hg.),
Kommunikatives Handeln. Beiträge zu Jürgen Habermas' „Theorie des
kommunikativen Handelns", Frankfurt/M. 1986, S. 352

Habermas, Jürgen: Theorie des kommunikativen Handelns – Band 1. Frankfurt
am Main: Suhrkamp 1987

Habermas, Jürgen: Zur Logik der Sozialwissenschaften. Frankfurt/M: 1988

Horster, Detlef: Jürgen Habermas zur Einführung. 1. Auflage, Hamburg: Junius
1999

Schützeichel, Rainer: Soziologische Kommunikationstheorien. Konstanz: UVK
Verlagsgesellschaft 2004

Weber, Max: Die protestantische Ethik und der Geiste des Kapitalismus.
Erftstadt: Area Verlag GmbH

Weber, Max: Wirtschaft und Gesellschaft, Vollmedia 2006